相続税務のプロが教える
あなたにピタリの財産贈与方法

明快

わかりやすくて
カンタンに、
仕上がります！

生前資産
整理ノート

● 年号早見表

干支	和暦	西暦
壬子	明治 45 年／大正元年	1912 年
癸丑	大正 2 年	1913 年
甲寅	大正 3 年	1914 年
乙卯	大正 4 年	1915 年
丙辰	大正 5 年	1916 年
丁巳	大正 6 年	1917 年
戊午	大正 7 年	1918 年
己未	大正 8 年	1919 年
庚申	大正 9 年	1920 年
辛酉	大正 10 年	1921 年
壬戌	大正 11 年	1922 年
癸亥	大正 12 年	1923 年
甲子	大正 13 年	1924 年
乙丑	大正 14 年	1925 年
丙寅	大正 15 年／昭和元年	1926 年
丁卯	昭和 2 年	1927 年
戊辰	昭和 3 年	1928 年
己巳	昭和 4 年	1929 年
庚午	昭和 5 年	1930 年
辛未	昭和 6 年	1931 年
壬申	昭和 7 年	1932 年
癸酉	昭和 8 年	1933 年
甲戌	昭和 9 年	1934 年
乙亥	昭和 10 年	1935 年
丙子	昭和 11 年	1936 年
丁丑	昭和 12 年	1937 年
戊寅	昭和 13 年	1938 年
己卯	昭和 14 年	1939 年
庚辰	昭和 15 年	1940 年
辛巳	昭和 16 年	1941 年
壬午	昭和 17 年	1942 年
癸未	昭和 18 年	1943 年
甲申	昭和 19 年	1944 年
乙酉	昭和 20 年	1945 年
丙戌	昭和 21 年	1946 年
丁亥	昭和 22 年	1947 年
戊子	昭和 23 年	1948 年
己丑	昭和 24 年	1949 年

干支	和暦	西暦
庚寅	昭和 25 年	1950 年
辛卯	昭和 26 年	1951 年
壬辰	昭和 27 年	1952 年
癸巳	昭和 28 年	1953 年
甲午	昭和 29 年	1954 年
乙未	昭和 30 年	1955 年
丙申	昭和 31 年	1956 年
丁酉	昭和 32 年	1957 年
戊戌	昭和 33 年	1958 年
己亥	昭和 34 年	1959 年
庚子	昭和 35 年	1960 年
辛丑	昭和 36 年	1961 年
壬寅	昭和 37 年	1962 年
癸卯	昭和 38 年	1963 年
甲辰	昭和 39 年	1964 年
乙巳	昭和 40 年	1965 年
丙午	昭和 41 年	1966 年
丁未	昭和 42 年	1967 年
戊申	昭和 43 年	1968 年
己酉	昭和 44 年	1969 年
庚戌	昭和 45 年	1970 年
辛亥	昭和 46 年	1971 年
壬子	昭和 47 年	1972 年
癸丑	昭和 48 年	1973 年
甲寅	昭和 49 年	1974 年
乙卯	昭和 50 年	1975 年
丙辰	昭和 51 年	1976 年
丁巳	昭和 52 年	1977 年
戊午	昭和 53 年	1978 年
己未	昭和 54 年	1979 年
庚申	昭和 55 年	1980 年
辛酉	昭和 56 年	1981 年
壬戌	昭和 57 年	1982 年
癸亥	昭和 58 年	1983 年
甲子	昭和 59 年	1984 年
乙丑	昭和 60 年	1985 年
丙寅	昭和 61 年	1986 年
丁卯	昭和 62 年	1987 年

干支	和暦	西暦
戊辰	昭和 63 年	1988 年
己巳	昭和 64 年／平成元年	1989 年
庚午	平成 2 年	1990 年
辛未	平成 3 年	1991 年
壬申	平成 4 年	1992 年
癸酉	平成 5 年	1993 年
甲戌	平成 6 年	1994 年
乙亥	平成 7 年	1995 年
丙子	平成 8 年	1996 年
丁丑	平成 9 年	1997 年
戊寅	平成 10 年	1998 年
己卯	平成 11 年	1999 年
庚辰	平成 12 年	2000 年
辛巳	平成 13 年	2001 年
壬午	平成 14 年	2002 年
癸未	平成 15 年	2003 年
甲申	平成 16 年	2004 年
乙酉	平成 17 年	2005 年
丙戌	平成 18 年	2006 年
丁亥	平成 19 年	2007 年
戊子	平成 20 年	2008 年
己丑	平成 21 年	2009 年
庚寅	平成 22 年	2010 年
辛卯	平成 23 年	2011 年
壬辰	平成 24 年	2012 年
癸巳	平成 25 年	2013 年
甲午	平成 26 年	2014 年
乙未	平成 27 年	2015 年
丙申	平成 28 年	2016 年
丁酉	平成 29 年	2017 年
戊戌	平成 30 年	2018 年
己亥	平成 31 年／令和元年	2019 年
庚子	令和 2 年	2020 年
辛丑	令和 3 年	2021 年
壬寅	令和 4 年	2022 年
癸卯	令和 5 年	2023 年
甲辰	令和 6 年	2024 年
乙巳	令和 7 年	2025 年

はじめに

　生前の整理には、「ご自身の今後のこと」、「ご自身の財産の承継先のこと」、「承継するときの税金のこと」の3つのテーマがあります。

　まず、「ご自身の今後のこと」ですが、思いもよらない事故や病気で入院したとき、「ご自身」の意思があれば、自分で治療方針を決めることができます。もし、入院するときに「ご自身」の意識がなければ、治療方針を医師に伝えることもできません。「人工呼吸器を装着するか」、「胃ろうによる栄養補給をするか」など、栄養補給や延命措置に関する要望を、事前に「意思表明書」を作成していれば、「ご自身」の意識がなくても、周囲に伝えることができます。延命治療を希望しないときは、「尊厳死宣言公正証書」を事前に作成し、公的に指示することもできます。もし、「ご自身」を病院から自宅に連れて帰る人がいないときは、死後の事務手続を依頼しておく死後事務委任という契約も必要となります。

　次に、「ご自身の財産の承継先のこと」を考えます。

　「ご自身」の財産を誰に承継するか、それを決めるのは「ご自身」であり、それを実現するために必要なものが遺言です。手軽に作成できる自筆証書遺言ですが、以前は、せっかく作成した遺言が発見されなかったり、民法の形式要件を満たしていないため無効になってしまうこともありました。しかし、2020年から創設された「自筆証書遺言書保管制度」を活用すれば、法務局の遺言書保管官による形式上のチェックを受けることができます。また、遺言者は、遺言書保管官に対し、遺言書保管申請時に、遺言者の指定した方へ死亡事実の通知を依頼することもできます。相続税法の改正のほか、家庭裁判所の遺産分割事件の申立件数も増加傾向にあり、現在では年間に15000件を超えています。「さりげなく」、「スムーズに」、「波風立てない」相続、つまり、相続トラブルを生じさせないためには、全ての資産をきっちり整理しておくことと、誰に財産を相続させるのか、分配の希望意志を明確にしておくことが重要です。

　最後は、「承継するときの税金のこと」です。

　2015年の相続税法の改正により、相続税の基礎控除額が大幅に減少した結果、相続税の課税対象者が増加しました。改正前の2014年中に亡くなられた人（127万人）に対し、4.4%の課税割合だったのが、2021年中に亡くなられた人（144万人）に対しては、9.3%の課税割合と倍増しています。相続税の申告をしなければならない相続人は、29万4000人におよび、相続税が特別な存在ではなくなってきているのを実感します。また、2015年の基礎控除額の縮小を皮切りに、小規模宅地等の特例の厳格化、教育資金非課税信託に対する課税強化、マンションの評価方法の変更など、今まで適用していた相続税の特例を適用しにくくなり、相続税の課税対象となる財産が増加傾向になっています。年々改正される相続税法に、上手く適応することが大きな課題となっているのです。

　ちなみに、「生前資産整理ノート」では、相続による財産移転を含めて、能動的な財産承継を意図して、「贈与」という表現を使用しています。残りの人生をより充実したものにするため、これまでを振り返り、このノートに整理することをお薦めします。

税理士　奥田周年

このノートの使い方

これはあなたにしか書けないノートです。

このノートは、あなたの理想的な財産「贈与」のイメージをととのえ、スムーズな相続を叶えるための整理ノートであり、さらには、「生きている自分のため」と「自分が死んだ後の家族のため」に必要な情報を書き込む決定版のエンディングノートです。自分のこれまでをきちんと振り返り、落ち着いた心で次世代へとバトンを渡す準備をしましょう。

○書きやすいページから書く

どのページからでも構いません。あなたが書きやすいと思うページから、書き進めていくのがいいでしょう。こんな情報が必要なんだと、最初はパラパラとページをめくるだけでも大丈夫。書き始めたページが全部埋まらなくても、少しずつ書き進めていく気持ちが大事です。

○日付記入と定期的な見直しが大切

記入日の日付は残された家族に重要な情報なので忘れずに。また、時間経過とともに状況は変化します。定期的に内容の見直し、書き足しをおすすめします。その際にも、ぜひ日付を入れてください。

○遺言書作成の資料にする

このノートには、遺言書作成について役立つページが多くあります。ただ、このエンディングノート自体に法的効力はありません。このノートで遺言書に対する自分の考えをまとめ、実際の遺言書作成へと進めていきましょう。

○このノートの存在を知らせる

せっかく書いたこのノートも、最終的に家族や信頼できる人に見てもらえなければあなたの希望は伝わりません。こんなノートを書いていることを、保管場所のヒントとともに家族にぜひ伝えておきましょう。

○安全な場所に保管する

このノートにはあなたの大切な情報が多くあります。家族や信頼できる人以外には見られないよう安全な場所での保管を心がけてください。

もしものときのお助けページ

ここでは緊急時、すぐに役立つ最小限の情報をまとめています。お世話になる医療関係者や家族のためにも、情報は大きな文字でしっかりと書き込んでください。同居する家族がいる場合も私物の保管場所などはよく知らないものです。急な入院などに備え、必要な各種保険証や診察券、財布やクレジットカード、そして入院時に必要な衣類などをわかりやすい場所にそれぞれまとめておきましょう。この p4 をコピーして外出時に持ち歩くのもおすすめです。

あなたの情報

名前		血液型		年齢	
住所		生年月日	年	月	日
通院している病院名		電話番号			
常備薬名					

緊急連絡先

名前		続柄・関係	
住所		電話番号	

献体登録

献体登録	□あり　□なし	献体登録番号	
連絡先		名称	電話番号

延命治療について

記入日　　　年　　　月　　　日

- □ できる限りの延命治療をしてほしい　　□ 回復の見込みがなければ、延命治療は希望しない
- □ 回復の見込みがなければ、緩和ケアを中心にしてほしい
- □ 口から食べられなくなったら、胃ろうなどをしてほしい
- □ 胃ろうはせず、自然に任せてほしい
- □ 尊厳死宣言書が作成ずみである　　□ その他（　　　　　　　　　　　　　）

財布		運転免許証	
キャッシュカード		臓器提供意志表示カード	
暗証番号のヒント		献体登録カード	
クレジットカード		常備薬	
健康保険証		お薬手帳	
マイナンバーカード			

メモ欄 ペットのことや植木などのお願いごと

目　次

Part 1

確認しよう
私の基本情報

このページを開いた今日こそが、あなたの人生の節目です。
これからの人生をより豊かに有意義なものにするために、これ
までの歩みを振り返ってみましょう。両親や先祖にまで思いを
馳せることで、やり残したこと、本来やりたかったことなどが
浮き彫りになってくることもあります。ご先祖様やご親戚から
言い伝えられた「土地伝説」も、書き残しておきましょう。

1 私について

このページには自分のプロフィールなどを書き込んでいきましょう。
書きやすいところから書き進めていけば、あなただけのノートが完成します。

名前	フリガナ （旧姓： ）	実印
生年月日	年 月 日 生まれ　血液型： 型	
現住所	〒	
本籍	※本籍が変わったときは9ページのメモ欄に書きましょう。	
電話	固定電話：　　　　　　　　　　　携帯電話：	
メールアドレス	携帯メール・スマートフォン：　　　　　　＠ パソコン・タブレット：　　　　　　　　　＠	
マイナンバー	番号：　　　　　　　　　　　　　カード保管場所：	
健康保険証	種類：□国保　　□協会けんぽ　　□組合保険　　□共済組合 番号：　　　　　　　　　　　　　保管場所：	
後期高齢者医療被保険者証	番号：　　　　　　　　　　　　　保管場所：	
介護保険被保険者証	番号：　　　　　　　　　　　　　保管場所：	
年金手帳・証書	種類：□国民年金　　□厚生年金保険 基礎年金番号：　　　　　　　　　保管場所：	
運転免許証	番号：　　　　　　　　　　　　　保管場所：	
パスポート	番号：　　　　　　　　　　　　　保管場所：	

2 私の所持する資格・免許

このページには自分がこれまでに所持した資格や免許などを書き込んでいきましょう。
資格・免許が書ききれないときは、メモ欄に記入してください。

資格・免許	取得年月日		有効期限
	年　　月　　日	有・無	年　　月　　日
	年　　月　　日	有・無	年　　月　　日
	年　　月　　日	有・無	年　　月　　日
	年　　月　　日	有・無	年　　月　　日
	年　　月　　日	有・無	年　　月　　日
	年　　月　　日	有・無	年　　月　　日
	年　　月　　日	有・無	年　　月　　日
	年　　月　　日	有・無	年　　月　　日
	年　　月　　日	有・無	年　　月　　日
	年　　月　　日	有・無	年　　月　　日

メモ欄 （座右の銘、好きな言葉など。）

3 私の学歴

このページには学歴を書き込んでいきましょう。
幼稚園や保育園などに通園したこともあなたの大切な自分史です。

学校・施設名	入学年月日	卒業年月日
	年　　月　　日	年　　月　　日
	年　　月　　日	年　　月　　日
	年　　月　　日	年　　月　　日
	年　　月　　日	年　　月　　日
	年　　月　　日	年　　月　　日
	年　　月　　日	年　　月　　日
	年　　月　　日	年　　月　　日
	年　　月　　日	年　　月　　日
	年　　月　　日	年　　月　　日
	年　　月　　日	年　　月　　日
	年　　月　　日	年　　月　　日

メモ欄（学校や職場で得られた教訓、人生のモットーになった教えなど。）

私の職歴

このページにはあなたの職歴を書き込んでいきましょう。職歴を書くことで、年金加入の確認をすることができます。足りない場合は、このページのコピーを取って使って下さい。

在籍期間	年　　　月　　　日 ～　　　　年　　　月　　　日		
会社名		契約形態	☐ 正社員　☐ その他
所在地		連絡先	
仕事内容・役職・実績		取引金融機関	

在籍期間	年　　　月　　　日 ～　　　　年　　　月　　　日		
会社名		契約形態	☐ 正社員　☐ その他
所在地		連絡先	
仕事内容・役職・実績		取引金融機関	

在籍期間	年　　　月　　　日 ～　　　　年　　　月　　　日		
会社名		契約形態	☐ 正社員　☐ その他
所在地		連絡先	
仕事内容・役職・実績		取引金融機関	

在籍期間	年　　　月　　　日 ～　　　　年　　　月　　　日		
会社名		契約形態	☐ 正社員　☐ その他
所在地		連絡先	
仕事内容・役職・実績		取引金融機関	

在籍期間	年　　　月　　　日 ～　　　　年　　　月　　　日		
会社名		契約形態	☐ 正社員　☐ その他
所在地		連絡先	
仕事内容・役職・実績		取引金融機関	

5 私のルーツ

自分の両親・祖父母の思い出や、知っていることを振り返ってみましょう。また、生まれ育った土地、住んでいた町についての思い出を書きましょう。

父の思い出	母の思い出
父の人となり	母の人となり
父の仕事	母の仕事
父からの教訓	母からの教訓
父の死因（病歴）	母の死因（病歴）

祖父の思い出	祖母の思い出
祖父の人となり	祖母の人となり
祖父の死因（病歴）	祖母の死因（病歴）

先祖の話

家の由来

出身地の伝説

生業

先祖から引きついだ財産

生まれ育った場所

所在地

どんな場所だったか

思い出深いエピソード

6 私の家系図（法定相続人早見表）

●自分の親族を家系図に書き込んで、法定相続人を知りましょう。

●常に相続人となるのは配偶者。第1順位は子（代襲相続人は孫、ひ孫）、第2順位は親（直系尊属）、第3順位は兄弟姉妹（死亡した場合は甥・姪）です。

※親が死亡している場合、祖父母が相続人となる。

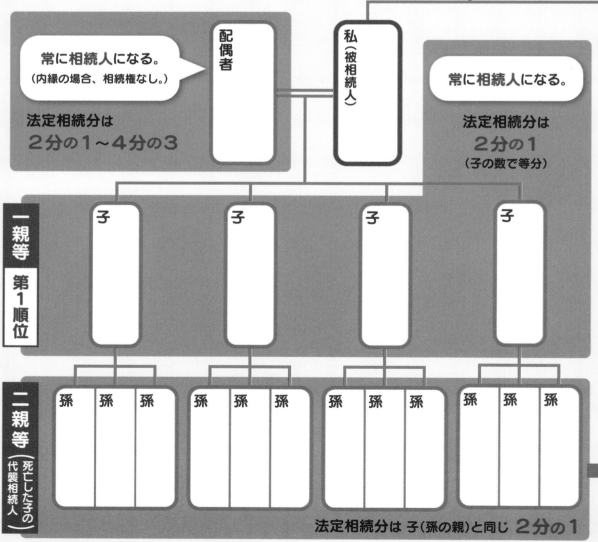

親（直系尊属） 一親等 第2順位

父　法定相続分は **3分の1**　母

配偶者

常に相続人になる。（内縁の場合、相続権なし。）

法定相続分は **2分の1〜4分の3**

私（被相続人）

常に相続人になる。

法定相続分は **2分の1**（子の数で等分）

一親等 第1順位

子　子　子　子

二親等（死亡した子の代襲相続人）

孫 孫 孫　孫 孫 孫　孫 孫 孫　孫 孫 孫

法定相続分は 子（孫の親）と同じ **2分の1**

※孫が相続するのは、子が死亡している場合のみ。

配偶者の法定相続分と代襲相続

◉配偶者の法定相続分は、子が相続人となる場合は2分の1、親が相続人の場合3分の2、兄弟姉妹が相続人の場合4分の3と変化します。

◉死亡した子に孫がいる場合、孫が代襲相続人となります。このときの相続分は子と同じ2分の1です。また孫も死亡している場合は、ひ孫が再代襲相続人になることもあります。

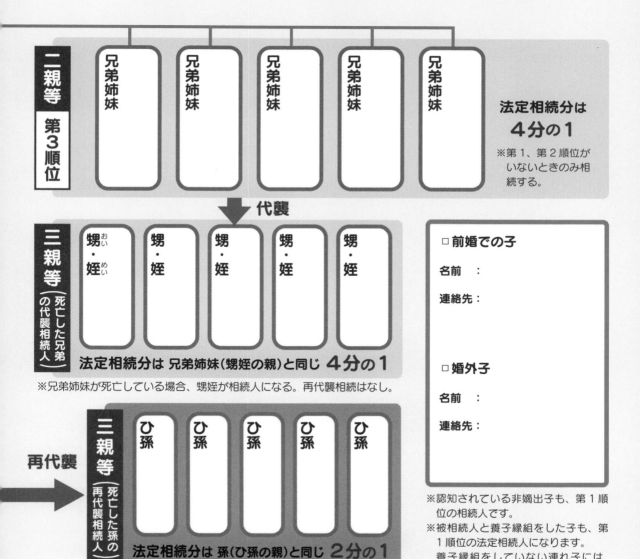

二親等 第3順位

| 兄弟姉妹 | 兄弟姉妹 | 兄弟姉妹 | 兄弟姉妹 | 兄弟姉妹 |

法定相続分は **4分の1**

※第1、第2順位がいないときのみ相続する。

代襲

三親等（死亡した兄弟の代襲相続人）

| 甥・姪 おい・めい | 甥・姪 | 甥・姪 | 甥・姪 | 甥・姪 |

法定相続分は 兄弟姉妹（甥姪の親）と同じ **4分の1**

※兄弟姉妹が死亡している場合、甥姪が相続人になる。再代襲相続はなし。

再代襲

三親等（死亡した孫の再代襲相続人）

| ひ孫 | ひ孫 | ひ孫 | ひ孫 | ひ孫 |

法定相続分は 孫（ひ孫の親）と同じ **2分の1**

※孫が死亡している場合、その子（ひ孫）が再代襲相続人。

□ **前婚での子**

名前 ：

連絡先：

□ **婚外子**

名前 ：

連絡先：

※認知されている非嫡出子も、第1順位の相続人です。

※被相続人と養子縁組をした子も、第1順位の法定相続人になります。養子縁組をしていない連れ子には、相続権はありません。

7 私の家族一覧

このページには家族の連絡先や情報を記入していきましょう。もしものときの連絡にも役立ちます。
離れて暮らす家族には、たまに自分から連絡してみるのもおすすめ。

名前		続柄		生年月日	年　　月　　日	血液型	
現住所	〒 　　　　　　　　　　　　　　　　　　　　　　　　　□ 同居 　□ 別居						
電話	固定電話：			携帯電話：			
メールアドレス	パソコン：			スマホ等：			
学校 / 勤務先				電話番号			
備考							

名前		続柄		生年月日	年　　月　　日	血液型	
現住所	〒 　　　　　　　　　　　　　　　　　　　　　　　　　□ 同居 　□ 別居						
電話	固定電話：			携帯電話：			
メールアドレス	パソコン：			スマホ等：			
学校 / 勤務先				電話番号			
備考							

名前		続柄		生年月日	年　　月　　日	血液型	
現住所	〒 　　　　　　　　　　　　　　　　　　　　　　　　　□ 同居 　□ 別居						
電話	固定電話：			携帯電話：			
メールアドレス	パソコン：			スマホ等：			
学校 / 勤務先				電話番号			
備考							

名前		続柄		生年月日	年　　月　　日		血液型	
現住所	〒 　　　　　　　　　　　　　　　　　　　　　　　□ 同居　□ 別居							
電話	固定電話：			携帯電話：				
メールアドレス	パソコン：			スマホ等：				
学校 / 勤務先				電話番号				
備考								

名前		続柄		生年月日	年　　月　　日		血液型	
現住所	〒 　　　　　　　　　　　　　　　　　　　　　　　□ 同居　□ 別居							
電話	固定電話：			携帯電話：				
メールアドレス	パソコン：			スマホ等：				
学校 / 勤務先				電話番号				
備考								

名前		続柄		生年月日	年　　月　　日		血液型	
現住所	〒 　　　　　　　　　　　　　　　　　　　　　　　□ 同居　□ 別居							
電話	固定電話：			携帯電話：				
メールアドレス	パソコン：			スマホ等：				
学校 / 勤務先				電話番号				
備考								

メモ欄 （スペースが足りない場合、孫などはこちらにまとめましょう。）

8 私の親族

このページには親族の連絡先や情報を記入していきましょう。「○○おじさんの息子」や「母方の祖母の末の妹さん」など間柄を備考欄に書いておくと役立ちます。

名前		（配偶者）	続柄		生年月日		年　　　月	日
現住所	〒						血液型	
緊急時の連絡	□入院　　□危篤　　□通夜・葬儀　　□不要　　□その他（ 　　　　　　　　）							
電話番号				メールアドレス				
備考								

名前		（配偶者）	続柄		生年月日		年　　　月	日
現住所	〒						血液型	
緊急時の連絡	□入院　　□危篤　　□通夜・葬儀　　□不要　　□その他（ 　　　　　　　　）							
電話番号				メールアドレス				
備考								

名前		（配偶者）	続柄		生年月日		年　　　月	日
現住所	〒						血液型	
緊急時の連絡	□入院　　□危篤　　□通夜・葬儀　　□不要　　□その他（ 　　　　　　　　）							
電話番号				メールアドレス				
備考								

名前		（配偶者）	続柄		生年月日		年　　　月	日
現住所	〒						血液型	
緊急時の連絡	□入院　　□危篤　　□通夜・葬儀　　□不要　　□その他（ 　　　　　　　　）							
電話番号				メールアドレス				
備考								

※亡くなった方でも、命日を備考欄に書いておくと法事などの役に立ちます。

名前	（配偶者）	続柄		生年月日	年	月	日
現住所	〒					血液型	
緊急時の連絡	□入院　　□危篤　　□通夜・葬儀　　□不要　　□その他（　　　　　　）						
電話番号		メールアドレス					
備考							

名前	（配偶者）	続柄		生年月日	年	月	日
現住所	〒					血液型	
緊急時の連絡	□入院　　□危篤　　□通夜・葬儀　　□不要　　□その他（　　　　　　）						
電話番号		メールアドレス					
備考							

名前	（配偶者）	続柄		生年月日	年	月	日
現住所	〒					血液型	
緊急時の連絡	□入院　　□危篤　　□通夜・葬儀　　□不要　　□その他（　　　　　　）						
電話番号		メールアドレス					
備考							

名前	（配偶者）	続柄		生年月日	年	月	日
現住所	〒					血液型	
緊急時の連絡	□入院　　□危篤　　□通夜・葬儀　　□不要　　□その他（　　　　　　）						
電話番号		メールアドレス					
備考							

名前	（配偶者）	続柄		生年月日	年	月	日
現住所	〒					血液型	
緊急時の連絡	□入院　　□危篤　　□通夜・葬儀　　□不要　　□その他（　　　　　　）						
電話番号		メールアドレス					
備考							

親族をもめさせないためには

誰もが円満な相続を望むもの。特に自分の遺産を巡って親族にもめてほしくはありません。あなたに尽くしてくれた親族を相続トラブルの泥沼に陥らせないために、今からできる相続準備をピックアップしていきましょう。

① 遺留分に配慮し遺言書作成

特定の親族に遺産を多く残したい希望を持った場合、遺言書の作成をおすすめします。例えば、ほかの子どもたちとは疎遠だったけど次男一家が老後の面倒を見てくれたから、次男へより多く相続したいとします。何もせずに相続が始まってしまうと遺産は兄弟等分に分割されます。次男が寄与分（43ページ参照）を主張しほかの兄弟に認めさせることもできますが、あらかじめ遺言書で示しておくのが最も効果的です。その場合、ほかの相続人（配偶者や子どもたち）に遺留分（41ページ参照）を請求する権利があることを忘れてはいけません。トラブルにならないために、他の相続人への遺留分を侵害しない遺言書の作成が肝になります。

② 遺産分割の期間制限

2023年4月、改正民法が施行され、一部の相続人だけが生前贈与や死因贈与で受け取った「特別受益」や、相続財産への貢献度に応じて認められる増額分の「寄与分」について、相続開始から10年間経過すると主張することができなくなりました。遺産分割協議自体には期限はありませんが、「特別受益」や「寄与分」の主張は、原則的に認められません。ちなみに、相続税の申告納税期限は10ヵ月、不動産登記の期限は3年です。なるべく速やかに相続を済ませることが求められています。

③相続税と贈与税

相続税と贈与税、どっちが得か？　まずは相続税の基礎控除額の確認をしましょう。相続税の基礎控除額＝3000万円＋（600万円×法定相続人の数）です。例えば法定相続人が配偶者と子ども2人の場合、3000万円＋（600万円×3）＝4800万円。つまり遺産総額が4800万円以下ならば、相続税は1円もかかりません。が、基礎控除額を超える分には10％に始まり額が増えるに連れ税率は階段状に上がり、最大55％（法定相続分6億円超）まで課税されます。一方、贈与税の方は1年間に贈与した総額が110万円以下なら税金はかかりません（超えた額に関してはこちらも階段状に10％～55％の贈与税）。高額な財産を所有している場合は、基礎控除額を超えても少しずつ早めに贈与しておくのが良いでしょう。相続財産の課税率が最も高い階段部分を、より低い率の贈与税で譲渡し、トータルで節税する、という考え方です。ただし、暦年贈与の控除に関しては2024年1月に制度が変わり、相続税計上が生前3年から7年に延びるので要注意です。

Part 2

把握しよう
私の全資産

あなたが歩んできた人生で手に入れた「形のある資産」をすべてまとめて整理しておきましょう。なかには、親の世代から受け継いだものもあるでしょう。大切な宝物を埋もれさせないためにも、その所在を明確にしておくことが大切です。過去の勤務地に置き忘れた銀行口座はありませんか。せっかくの財産を有効に生かしましょう。

9 預貯金

通帳や印鑑の保存先のヒントを備考欄に書きましょう。実印にはシールなどを貼っておくと判別しやすくなります。通帳を持たないネット銀行口座についても記載を。

銀行・郵貯の口座

メインバンク

金融機関名		支店名		種類	□ 普通　□ 当座
口座番号			名義人		㊞

口座引き落とし（＊該当するものに ✔ をつけましょう）

□ 電気料金　　　□ ガス料金　　　□ 水道料金　　　□ 固定電話　　　□ 携帯電話　　　□ 新聞　　　□ NHK

□ クレジットカード　　　□ 保険料 1　　　□ 保険料 2　　　□ 税金等 1　　　□ 税金等 2

□ その他 1 （　　　　　　　　　）　　　□ その他 2 （　　　　　　　　　）　　　□ その他 3 （　　　　　　　　　）

口座使用目的		備考	

その他の口座 （名義人があなた以外の場合、贈与済でないときは、あなたの財産です。）

金融機関名		支店名		種類	□ 普通　□ 当座　□ 定期
口座番号			名義人		㊞
使用目的			備考		

金融機関名		支店名		種類	□ 普通　□ 当座　□ 定期
口座番号			名義人		㊞
使用目的			備考		

金融機関名		支店名		種類	□ 普通　□ 当座　□ 定期
口座番号			名義人		㊞
使用目的			備考		

10 公共料金・保険料などの口座

このページには主な口座引き落とし先や年金の振込口座の情報を記載していきましょう。普段使いの口座は一本化してお金の出入りもわかりやすくするのがおすすめです。

内容		会社名		引き落とし日	日頃
金融機関		口座番号			

内容		会社名		引き落とし日	日頃
金融機関		口座番号			

内容		会社名		引き落とし日	日頃
金融機関		口座番号			

内容		会社名		引き落とし日	日頃
金融機関		口座番号			

※ 22 ページのメインバンク以外のものを書きましょう。

年金の振込口座

種類	□ 国民年金　　□ 厚生年金　　□ 障害年金　　□ その他（　　　　　）
金融機関名	振込日　　　　　　　　　日

Column　　没後の銀行口座の停止

故人名義の口座が凍結されると公共料金なども自動引き落としできず未払いの状態になります。公共料金の解約や名義変更は遺産分割と関係なくできますので連絡先や領収書をわかりやすく保存しておきましょう。ちなみに口座凍結は遺産分割が確定するまで続きますが、それ以前に生活費や葬儀費用で預貯金が必要な場合は遺族の代表者が金融機関で手続きを行なえば、通常は上限 150 万円の出金が可能です。

11 クレジットカード・電子マネー

しっかりと情報を書くことで、紛失やトラブル時の役に立ちます。使っていないクレジットカードがある場合は早めに解約、無駄な年会費などの見直しになります。

クレジットカード （＊該当するものに✓をつけましょう）

カード名		ブランド	□VISA　□Master　□JCB　□その他（　　　　）
カード番号	□□□□ - □□□□ - □□□□ - □□□□		
トラブル時の連絡先		有効期限	年　　　月　｜備考

カード名		ブランド	□VISA　□Master　□JCB　□その他（　　　　）
カード番号	□□□□ - □□□□ - □□□□ - □□□□		
トラブル時の連絡先		有効期限	年　　　月　｜備考

カード名		ブランド	□VISA　□Master　□JCB　□その他（　　　　）
カード番号	□□□□ - □□□□ - □□□□ - □□□□		
トラブル時の連絡先		有効期限	年　　　月　｜備考

カード名		ブランド	□VISA　□Master　□JCB　□その他（　　　　）
カード番号	□□□□ - □□□□ - □□□□ - □□□□		
トラブル時の連絡先		有効期限	年　　　月　｜備考

Column　銀行口座・クレジットカードの整理を始めよう

銀行口座やクレジットカードを多く持つほど亡くなった後の手続きは煩雑になります。相続人は銀行1行ずつに、戸籍謄本や相続人全員の印鑑証明などの書類を提出し、預貯金の払い戻し手続きをする必要があります。また、クレジットカードは遺族が引き継ぐことができません。長く使っていないものは処分を検討しましょう。

電子マネー、ポイントカード等

名称	番号（ID）	備考（パスワード等）

メモ欄　（サブスク、校友会など会費の引き落としが発生する有料会員など。）

12 有価証券・その他の金融資産

有価証券とは、株式・投資信託・債券・国債などのこと。金融機関名と担当者の氏名だけでも書いておくといいでしょう。ネット証券についての記載もお忘れなく。

有価証券等（株式、投資信託、未公開株式、債券、NISA など）

金融機関名		支店名		担当者	
銘柄			連絡先		
購入日			購入価格		

金融機関名		支店名		担当者	
銘柄			連絡先		
購入日			購入価格		

金融機関名		支店名		担当者	
銘柄			連絡先		
購入日			購入価格		

金融機関名		支店名		担当者	
銘柄			連絡先		
購入日			購入価格		

金融機関名		支店名		担当者	
銘柄			連絡先		
購入日			購入価格		

その他金融資産（暗号資産、信託商品、純金、会員権、信託商品など）

種類・銘柄		社名		連絡先	
購入日		購入価格			
担当者		備考			

種類・銘柄		社名		連絡先	
購入日		購入価格			
担当者		備考			

種類・銘柄		社名		連絡先	
購入日		購入価格			
担当者		備考			

種類・銘柄		社名		連絡先	
購入日		購入価格			
担当者		備考			

Column 貴金属等は購入価格が大事

価格変動が見込まれる相続資産を残す場合、購入金額の記載を口頭ではなく書面に記載しましょう。例えば、過去に100万円で購入した金製品を残した場合、相続時に200万円の価値ならば200万円に対しての相続税です。ただ、相続人がその金製品を売却する場合にかかる所得税には、過去の購入価格の100万円が大いに関係します。この場合、売り値から購入金額を引いた利益に所得税はかかります。つまり、相続人が200万円で売却した場合は売り値200万円－購入価格100万円＝利益100万円となり、所得税は利益分100万円にかかります。ところが、購入金額がわからない場合は、売り値×5％が購入金額と設定されてしまいます。つまり、売り値が200万円の場合、購入金額が不明だと200万円の5％である10万円が購入価格と設定。売り値200万円－購入価格10万円＝利益190万円となり、所得税はみなし利益分190万円にかかってしまいます。相続人のためにもぜひ購入金額の記載を。

13 不動産

このページには不動産の情報を記入していきましょう。登記簿に記載されている所有不動産を全て、一戸建てならば土地と建物を分けて記載します。情報は、毎年の固定資産税の「課税明細」でも確認できます。備考欄には、「自宅」「賃貸」「別荘」などの不動産の用途も。現状の不動産を所有し続けるかどうかを検討してみましょう。また、今後親などから相続する見込みのある不動産も書いておきましょう。名義人があなた以外のときは理由を備考に記載します。

形態	□土地　　□建物　　□マンション・アパート　　□農地　　□その他（　　　　　　）
所在地	（面積 m²）
名義人	抵当権者　□あり（　　　　　　　）　□なし
現状	□自宅　　□賃貸　　□別荘　　□農地　　□その他（　　　　　　　　）
購入額	円　購入時期　　　年　　　月
境界確認書	□あり　　□なし　　隣人との関係　□良好　　□不良
所得税の買換特例	□受けた　　□受けてない　　備考

🖋 Column 2024年4月1日相続登記申請の義務化

相続登記がされないため、登記簿を見ても所有者が分からない「所有者不明土地」が全国で増加し、周辺の環境悪化や公共工事の阻害など、社会問題になっています。この問題解決のため法律が改正され、これまで任意だった相続登記が、2024年4月1日より義務化されることになりました。相続により不動産を取得した相続人は、相続したことを知った日から3年以内に相続登記の申請をしなければ、10万円以下の過料が科される可能性があります。

また、2024年4月1日より前に相続した不動産も、相続登記がされていないものは義務化の対象になります。3年間の猶予期間がありますが、2027年3月31日までに登記申請をする必要があります。

あなたの親御さんから相続した不動産や、先祖代々所有する土地の登記申請はお済みでしょうか？　先延ばしにしても解決は余計遠のくだけです。

形態	□土地　　□建物　　□マンション・アパート　　□農地　　□その他（　　　　　）
所在地	（面積 m²）
名義人	抵当権者 □あり（　　　　　　　　　） □なし
現状	□自宅　　□賃貸　　□別荘　　□農地　　□その他（　　　　　　　　）
購入額	購入時期　年　　月
境界確認書	□あり　　□なし　　隣人との関係 □良好　□不良
所得税の買換特例	□受けた　　□受けてない　　備考

形態	□土地　　□建物　　□マンション・アパート　　□農地　　□その他（　　　　　）
所在地	（面積 m²）
名義人	抵当権者 □あり（　　　　　　　　　） □なし
現状	□自宅　　□賃貸　　□別荘　　□農地　　□その他（　　　　　　　　）
購入額	購入時期　年　　月
境界確認書	□あり　　□なし　　隣人との関係 □良好　□不良
所得税の買換特例	□受けた　　□受けてない　　備考

形態	□土地　　□建物　　□マンション・アパート　　□農地　　□その他（　　　　　）
所在地	（面積 m²）
名義人	抵当権者 □あり（　　　　　　　　　） □なし
現状	□自宅　　□賃貸　　□別荘　　□農地　　□その他（　　　　　　　　）
購入額	購入時期　年　　月
境界確認書	□あり　　□なし　　隣人との関係 □良好　□不良
所得税の買換特例	□受けた　　□受けてない　　備考

14 その他（貴金属や宝飾品）の資産

貴金属や宝飾品、美術品や書画骨董品、自動車やゴルフ会員権なども相続対象となります。コレクションなどの保管場所があれば記入していきましょう。

貴金属・宝飾品

品目・品名	購入金額	購入時期	保管場所	備考（相続先）
	円	年 月		
	円	年 月		
	円	年 月		
	円	年 月		
	円	年 月		
	円	年 月		

貸金庫・トランクルーム

種類	届け先	電話番号	内容
		（ 　 ）	
		（ 　 ）	
		（ 　 ）	
		（ 　 ）	

メモ欄 （入らなかったもの、貴金属や宝飾品、美術品や書画骨董品、自動車やゴルフ会員権など）

15 貸しているお金

人に貸しているお金（貸付金）があれば、借用書の有無も含めてはっきりと記入しましょう。貸付金を返してもらう権利は相続財産として相続人が引き継ぎます。ただ金銭の貸し借りはトラブルの原因となりやすいので、明確な返済期限や条件を借用書に定めておきましょう。会社経営者が自分の会社にお金を貸す場合は、曖昧な条件を防ぐ配慮が必要です。印紙貼付を忘れずに。

貸した相手		関係	
連絡先	〒	電話番号	
貸付日		返済予定日	
貸付金額	円	貸付残高	年　　　月　　　日現在
借用書	□あり　　　□なし	相手の返済能力	□あり　　　□なし
債権放棄	□あり　　　□なし	備考	

貸した相手		関係	
連絡先	〒	電話番号	
貸付日		返済予定日	
貸付金額	円	貸付残高	年　　　月　　　日現在
借用書	□あり　　　□なし	相手の返済能力	□あり　　　□なし
債権放棄	□あり　　　□なし	備考	

貸した相手		関係	
連絡先	〒	電話番号	
貸付日		返済予定日	
貸付金額	円	貸付残高	年　　　月　　　日現在
借用書	□あり　　　□なし	相手の返済能力	□あり　　　□なし
債権放棄	□あり　　　□なし	備考	

16 借入金・ローン・保証債務

このページには住宅ローンや自動車ローンなどの借入金を記入しましょう。連帯保証も債務の1つ。キャッシングやクレジットの残金など「隠れ借金」もぜひ記入してください。

借入先		担保	□あり（　　　　　　　　）□なし
連絡先	〒		
電話番号		関係	
借入日	年　　　月　　　日	返済予定日	年　　　月　　　日
借入金額	円	借入残高	円（　　年　　月）
用途			

借入先		担保	□あり（　　　　　　　　）□なし
連絡先	〒		
電話番号		関係	
借入日	年　　　月　　　日	返済予定日	年　　　月　　　日
借入金額	円	借入残高	円（　　年　　月）
用途			

借入先		担保	□あり（　　　　　　　　）□なし
連絡先	〒		
電話番号		関係	
借入日	年　　　月　　　日	返済予定日	年　　　月　　　日
借入金額	円	借入残高	円（　　年　　月）
用途			

その他借入金（キャッシング、ローン）

借入先	借入残高	連絡先	備考
	円	（　　　）	
	円	（　　　）	
	円	（　　　）	
	円	（　　　）	

保証債務（借金の保証人等）

保証日		保証金額			円
保証した相手		債務者		電話番号	（　　）
		連絡先	〒		
お金を貸した人		債権者		電話番号	（　　）
		連絡先	〒		

Column　内緒の負債は相続人に大きな負担

事業などを興していた場合、借入金や保証債務があったりするものです。
「負の遺産」を相続する配偶者や子には、一切を放棄する「相続放棄」や、プラスの財産を限度として債務の精算をする「限定承認」を選ぶ方法もありますが、いずれも原則相続開始後3ヵ月と手続き期限が短く切られています。相続債務の有無を調査する、全国銀行個人信用情報センター（KSC）、株式会社シー・アイ・シー（CIC）、株式会社日本信用情報機構（JICC）など信用情報機関を利用させることなく、相続人の煩わしさやトラブル未然防止のために、恥ずかしさも忍んで正直に誠実に書き残しておきましょう。

メモ欄（入らなかったもの、住宅ローンや自動車ローンなど）

17 年　金

このページには年金手帳やねんきん定期便などを参考に国民年金や厚生年金などの公的年金についての情報を記載しましょう。私的年金についてもお忘れなく。

公的年金

年金番号		連絡先	（　　　）	
種類	□国民年金　　□厚生年金　　□共済年金　　□その他（　　　　　　　）			
年金手帳、はがきの保管場所		加入期間	年　　月～　　　　　年　　月	
受給開始日	年　　月　　日	受給（予定）金額	円	
受取口座	銀行　　　　　支店	年金事務所		
備考				

私的年金（企業年金、DC、個人年金、iDeCo）

名称	会社名	連絡先	備考
		（　　　）	
		（　　　）	
		（　　　）	
		（　　　）	
		（　　　）	

Column　年金制度で変わったところ

2022年4月以降、年金制度が変更されました。エンディング期に大きく関係する変更点が「年金受給開始年齢の選択肢拡大」です。改正で上限が70歳から75歳に引き上げられました。厚生労働省のホームページによると75歳まで受給開始年齢を遅らせた場合の年金月額は生涯増額（最大84％プラス）、反対に65歳より早い場合は生涯減額（最大30％マイナス）された水準の受給額を受け取ることになります。

18 生命保険・損害保険

このページには生命保険や医療保険、損害保険（自動車や火災）など加入しているすべての保険についての情報を記載しましょう。保険証書の保管場所も大切な情報です。

保険会社		証券番号	
種類	□死亡　□年金　□医療　□がん	保険期間	
保険金額		保管場所	
契約者		被保険者	
受取人		保険料負担者	

保険会社		証券番号	
種類	□死亡　□年金　□医療　□がん	保険期間	
保険金額		保管場所	
契約者		被保険者	
受取人		保険料負担者	

保険会社		証券番号	
種類	□死亡　□年金　□医療　□がん	保険期間	
保険金額		保管場所	
契約者		被保険者	
受取人		保険料負担者	

火災保険、地震保険、自動車保険など

種類	保険会社	連絡先	内容
		（　　　）	
		（　　　）	
		（　　　）	

※生命保険契約照会制度：被保険者が亡くなった場合等に生命保険協会に照会をすると契約の有無を回答してくれます。

19 デジタル資産 スマートフォン（携帯電話）

携帯電話やスマートフォン、パソコン、タブレットなど、もしもの際にデータを見られてもいいのかを記載しておきましょう。パスワードの類は巻末のマル秘保管用カードに。

電話・携帯・スマートフォン

会社		名義人	
電話番号	（　　　）	メールアドレス	
もしもの時は	□ 中を見ないで廃棄　　□ 中をチェック		
PW のヒント		解約時の連絡先	（　　　）
備考			

会社		名義人	
電話番号	（　　　）	メールアドレス	
もしもの時は	□ 中を見ないで廃棄　　□ 中をチェック		
PW のヒント		解約時の連絡先	（　　　）
備考			

タブレット・パソコン

会社		名義人	
電話番号	（　　　）	メールアドレス	
もしもの時は	□ 中を見ないで廃棄　　□ 中をチェック		
PW のヒント		解約時の連絡先	（　　　）
備考			

※ PW はパスワードの略。

プロバイダ（回線事業者）

会社		名義人	
電話番号	（　　）	メールアドレス	
PW のヒント		解約、名義変更時の連絡先	（　　）
返却するもの	□ ルーター		

会社		名義人	
電話番号	（　　）	メールアドレス	
PW のヒント		解約、名義変更時の連絡先	（　　）
返却するもの	□ ルーター		

デジタルデータ

内訳	パソコン　　台　　　タブレット　　台　　　ハードディスク　　台
	メモリーカード　　枚　　　各種ディスク　　枚　　　USB メモリ　　個
もしもの時は	□ 中を見ないで廃棄　　　□ 中をチェック　　　□ 取っておくデータがある
保管・処理方法	

🖊 Column　　デジタルデータの安全な消し方

あなたの死後、パソコンやスマホから人に見られたくない画像やラインのやり取りなどが家族に見つかったらどうしますか。いつか削除しようと考えているデータがあるなら早々に進めましょう。ここでは、比較的簡単かつ安全にデータを消す方法２つをお教えします。まずは、フォルダ暗号化ソフトを使いフォルダにロックをかけて開かないようにする方法。暗号化ソフトとは、ファイルやデータを第三者に読み取れなくするためのソフトです。もう１つは、一定期間にパソコンが起動されなかったときに指定したデータやフォルダを消去する自動削除ソフトを使用する方法。ほかにも「データ終活ツール」は多く出ています。ぜひチェックしてみてください。

20 SNS関連

インターネット上のSNSやブログなどを利用している場合、もしもの際にどうしたいかを記載しましょう。事業者によっては「追悼アカウント」を用意している場合もあります。

Webサイト・サブスク（パスワードは別紙に書いて、のり付けしておくのも良案。）

サイト名	ID、アカウント	メアド、電話番号	PWなど
□ LINE			
□ X（旧Twitter）			
□ Facebook			
□ Instagram			
□ Amazon			
□ 楽天			
□ メルカリ			
□ Apple			
□ Google			
□ YouTube			

✎ Column　亡くなった後のSNSはどうなる

利用者の死後、SNSのアカウントは自動的に削除されません。自分の死後に、利用するSNSのアカウントを削除したいのであれば、あらかじめ削除されるように設定するか、遺族や受任者などに死亡後の削除申請を依頼しておく必要があります。SNS業者によっては、生前に追悼アカウント管理人を指定しておき、あなたの死後に追悼アカウントの配信をリクエストする方法も。SNS業者の契約規約などをぜひ確認を。

Part 3

バトンを渡そう
相続でもめさせない
贈与と遺言書

あなたの財産をギフトとして愛する家族へ渡すときは、「今」か「死後」です。あなたの死後、残された家族や親族が相続問題で悩んだり疎遠になったりしないよう、民法の知識をバージョンアップしつつ準備を進めていきましょう。このノートの遺言エクササイズで練習してから、正式な遺言を作ってみましょう。

21 私の推定相続人

18 ページの家系図から、あなたの法定相続人を確認しましょう。

〈法定相続人〉

氏名	続柄	法定割合	遺留分（有／無）

配偶者の法定相続分は、子が相続人となる場合は2分の1、親が相続人の場合3分の2、兄弟姉妹が相続人の場合4分の3と変化します。

〈法定相続人以外の遺贈希望〉

氏名（名称）	関係性

22 私の資産一覧

プラスの資産

預貯金	銀行　　　　　支店・	銀行　　　　　支店
	銀行　　　　　支店・	銀行　　　　　支店
預金総額	約　　　　　　　　　　円	
有価証券	証券　　　　　支店・	証券　　　　　支店
	証券　　　　　支店・	証券　　　　　支店

生命保険		損害保険		その他保険	
公的年金			私的年金		
不動産				現金	円
その他（純金・会員権・貸付金）		今後相続見込のある資産			

マイナスの資産

借入金			
住宅ローン		その他ローン	
その他（保証人）			

差引総額	円

23 遺産分割の希望

遺産分割とは、相続人の間で遺産を分配する手続きのことです。複数の相続人がいれば遺産分割が行なわれますが、遺言書に遺産分割への希望を記載すればその内容が優先されます。このノートに書いても法律的な効果はありませんので、必ず遺言書を残すようにしましょう。

基本的な考え

□ 遺言書通りに分割して欲しい
□ 法定相続分通りに分割して欲しい
□ 相続人が遺産分割協議をして、話し合ってほしい
□ 特別な分割方法をして欲しい ＊1欄に記入
□ その他（　　　　　　　　　　　　）

特別な遺産の分割方法（＊1）

遺産の種類		相続する人	
分割方法と理由			

その他の遺産の分割方法

遺産名	相続する人	理由・伝えたいこと

Column　遺留分制度の見直し

「遺留分」とは、一定の法定相続人（配偶者、子、直系尊属）に保障されている一定割合の相続財産のことです。兄弟にはありません。配偶者、子の場合は総額の2分の1、父母や祖父母のみの場合は3分の1です。例えば被相続人が特別寄与のAさんに全てを遺贈すると遺言書に残しても、上記の割合分を受贈者（Aさん）に請求することができます。2018年の相続法改正で、遺留分侵害額を金銭で要求できるようになりました。なお、遺留分侵害額請求の時効は1年です。

24 遺言書を作成すべき7つのケース

遺言書作成が必要な例を7つ挙げます。遺言書がなければ、遺産は法律で定められた通りに相続人に分割されますが、遺言書を書くことで、自分の考えた相続方法を実現できます。

① 相続人に、事業用資産を相続させたい事業主

事業を営む人は、後継者に自社株や会社が使用している不動産、会社に対する貸付金などの事業用財産をまとめて相続させなければ事業の継続が難しくなります。必ず後継者に相続させる遺言書を書きましょう。既に後継者が会社を運営しているなら、自社株を生前贈与するのがおすすめ。株価が上昇すると、相続時に後継者が多額の相続税を納めなければなりません。

② 自分の意思で、相続人への財産の配分を決めたい

例えば、配偶者に自宅、子どもに金融資産を配分したいとか、配偶者居住権を設定したい場合、遺言書を作成しておけば分割協議の手間を省き相続人の争いを避けられます。遺言書に沿った財産分割ができるので円滑な方法です。また、遺言書作成時と相続発生時の社会情勢に大きな変化があり、遺言書の分け方では不都合のあるときは、相続人全員の同意があれば遺言内容と異なる遺産分割も可能です。

③ 子どもがいない夫婦で、自分の財産をすべて配偶者に相続させたい

子どもがいない夫婦の一方が亡くなったとき（両親・祖父母も亡くなっていれば）、兄弟姉妹には遺留分がないため、遺言書で配偶者に全財産を相続させることができます。配偶者以外の方に資金援助や貸付金があるときは、その処理が課題です。生前に回収、あるいは放棄などの処理を心がけましょう。

 **Column** 　配偶者居住権と持ち戻し免除

経済的弱者になりやすい高齢者が、遺産分割で自分の住む家がなくなったりしないよう2020年に創設されたのが「配偶者居住権」です。夫が死亡し相続人が妻と子ども1人、遺産が自宅3000万円、預貯金3000万円だとします。一般的な遺産相続は妻と子どものそれぞれが2分の1ずつ、妻が自宅に住み続けることを希望した場合、住むための自宅3000万円は相続できたとしても預貯金の配分はありません。これでは、今後の生活が不安。配偶者居住権を使うと、たとえば家を所有権1500万円と居住権1500万円というように分けて相続可能です。妻は居住権、子どもは所有権を相続し、預貯金も1500万円ずつの相続で妻の不安は格段に減少します。なお、婚姻期間が20年以上の夫婦間で、2019年7月1日以降に居住用の土地・建物を贈与または遺贈したときは「持ち戻し免除」として、相続財産に加算しない制度が2020年4月から施行されています。遺言書に託しましょう。

④相続人同士の仲が悪く、話し合いが難しいとき

相続人同士の人間関係が複雑で、話し合い（遺産分割協議）が難しいと予想される場合も、遺言書を作成しましょう。ただし遺言書で遺留分を侵害すると、争いの種となるので注意が必要です。遺産分割がまとまらないと、相続税を軽減する優遇税制を受けることができません。また、このような関係の場合、遺言の有効性が問題になることも少なくありません。そうならないためにも、公正証書遺言・自筆証書遺言を作成しましょう。

⑤ 離婚した先妻との間に子どもがいたり、内縁の妻がいる場合

例えば、夫に離婚歴があり前妻との間に子どもがいるようなケースでは、子どもが相続できる割合は前妻の子と後妻の子で同じです。このため、後妻の子に遺産を多く相続させたい場合には、遺言書の作成や後妻の子への生前贈与などの相続対策を行なう必要があります。また、内縁の妻の場合は法律上の夫婦ではないことから相続権は一切ありません。内縁者に財産を渡したいならば遺言書を作成しましょう。

⑥ 財産を社会貢献している団体等に寄付したいとき

法定相続人以外の個人や団体に財産を引き継がせる（遺贈）も可能です。ただし、遺言書を作成していなければ、遺贈はできません。遺贈先が法人組織の場合は、現金で遺贈しましょう。不動産や有価証券を遺贈すると、被相続人がその遺贈先に売却したものとみなされ、相続人が譲渡所得税を支払う必要があります。その申告を準確定申告といい、亡くなってから4か月以内に申告と納税を済ます必要が生じます。

⑦ 法定相続人がいない人

法定相続人がいない場合、自動的に財産は国庫に帰属します。しかし遺言書を作成すれば、親族やお世話になった方に感謝の気持ちを残すことが可能です。亡くなった方と生計を共にしていた人や療養看護に努めた人は、特別縁故者として家庭裁判所に申し立てを行ない、認められれば財産分与を受けることができます。ただし、手続きには相当な期間が必要となります。

🖊 Column 　寄与・特別寄与

寄与・特別寄与が認められれば、長年の介護などを担った人の苦労が報われる可能性が高くなります。被相続人の財産の維持や増加のために「特別な貢献をした相続人」には相続分にプラスした「寄与分」があると民法で定められています。2019年に設定された「特別寄与料制度」では、子の配偶者や甥、姪など、6親等内の血族と3親等内の姻族も特別寄与料を主張することができるようになりました。

ただ、「寄与分・特別寄与分」の理由となる「被相続人への特別な貢献や献身」は形にならないことが多く、寄与分を請求しても話し合いで折り合いをつけるのが難しく、手続きも煩雑になる可能性が大いにあります。対象の方が、介護などで大変な苦労を背負ってきてくれたことを、ほかの相続人もわかってくれていると考えるのは禁物です。被相続人の意志として「特別な貢献をしてくれた人」が報われる、配慮のある財産贈与を明記した遺言書を残すのが得策です。

25 自筆・公正証書遺言

遺言には「公正証書遺言」「自筆証書遺言」「秘密証書遺言」の３種類ありますが、一般的には「公正証書遺言」か「自筆証書遺言」が用いられます。自筆証書遺言は全文を自書する必要がありましたが、2019年の改正後は、本文のみ自書し、財産目録はパソコンや登記事項証明書などのコピーで代用できるようになりました。

遺言書の種類

	公正証書遺言	自筆証書遺言
作成方法	遺言者が口述した内容を公証人が筆記する	本文を遺言者が自筆で作成 パソコン、代筆はできない（財産目録は可）
長所	① 公証人が作成するので、形式不備などで無効にならない。 ② 遺言書の原本が公証役場に保管されるので、紛失偽造隠匿等の心配がない。 ③ 家庭裁判所での検認は不要。	① 自分自身で作成できる。 ② 費用がかからない。 ③ 遺言の内容や存在を秘密にできる。
短所	① 必ず遺言者本人が公証役場に行って、遺言を作る必要がある。 （公証人が出張する場合は、出張費等が必要） ② 公証人の手数料が発生する。 ③ 証人2名が必要。	① 日付・署名・押印等の不備で無効になることがある。 ② 遺言内容が不明瞭だと、思い通りの相続手続きができないことがある。 ③ 遺言書の紛失・偽造・隠匿の可能性がある。 ④ 家庭裁判所の検認が必要。

《秘密証書遺言》

秘密証書遺言とは、内容を秘密にしたまま存在だけを公証役場で証明してもらう遺言のことです。自分で書いて内容を秘密にできるのですが、法的に有効でない遺言になってしまっている可能性があります。また、手続きの手間や費用がかかり、家庭裁判所の検認も必要ですので、今ではあまり利用されていません。

Column 検認

遺言書の偽造・変造を防止するため、被相続人の最後の住所地の家庭裁判所が遺言の内容を確認する手続きが検認です。検認には、被相続人の改製原戸籍と除籍謄本。さらに相続人全員の戸籍謄本が必要です。検認には約2ヵ月かかり、終了するまで相続手続きはできません。このため、「公正証書遺言」か、法務局が管理する「自筆証書遺言管理制度（45ページ参照）」を用いるのがスムーズでお薦めです。

26 改正法で導入「法務局保管」

公的機関である法務局が個人の自筆遺言書を管理するのが「自筆証書遺言管理制度」。2020年から始まったこの制度を理解し遺言書管理に賢く使いこなしましょう。

自筆証書遺言書保管制度の良さ

メリットその1・安心
遺言書の保管申請時には、民法の定める自筆証書遺言の形式に適合するかについて遺言書保管官の外形的なチェックが受けられます。また、法務局において適正に管理・保管されるため遺言書の紛失や改ざんのおそれがありません。

メリットその2・家庭裁判所の検認が不要
相続開始後、家庭裁判所の検認がいりません。

メリットその3・閲覧可能
相続開始後、相続人の方々には遺言書の閲覧などが可能です。

メリットその4・通知が届く
法務局が遺言者死亡を確認した際、指定された相続人等（1名のみ）にお知らせが届きます。

メリットその5・リーズナブル
手数料は法務局に支払う3900円のみ。ちなみに「公正証書遺言」を利用する場合は、財産の価値によって手数料が発生します。

詳しくは、お近くの法務局（遺言書保管所）までお問い合わせください。

遺言書の比較

	公正証書遺言	自筆証書遺言・秘密証書遺言	自筆証書遺言保管制度
コスト	数万円（相続人遺産額による）	0円	3900円（保管時）
有効性	公証人に相談しながら作成するため信憑性が高い	形式的な不備がある可能性。不安な場合は専門家に内容を相談	形式的な確認のみ。不安な場合は専門家に内容を相談
保管場所	公証役場	貸金庫や自宅金庫・仏壇などで保管	法務局
相続人への通知	なし	なし	あり

 **Column** 遺言執行者

遺言執行者とは、遺言内容を実現する役割を負う人です。遺言執行者は民法で「遺言の内容を実現するため、相続財産の管理その他遺言執行に必要な一切の行為をする権限」が認められています。遺言による遺言執行者の指定は、相続人と同一でも問題ありませんし、弁護士や司法書士などの第三者的立場の人を選任する方法もあります。

遺言サンプル

遺言書

遺言者、日本文太は、この遺言書で以下の通り遺言する。

1. 私が所有する以下の財産を、妻・日本芸子（生年月日）に相続させる。

（1）土地　東京都千代田区一ツ橋1丁目1番

　　　宅地　123.00平方メートル

（2）建物　同上

　　　家屋番号2番3号　種類　居宅

　　　木造平屋建　床面積　~~123~~ 100.00平方メートル　㊞

（3）遺言者の預貯金

　　　　○△銀行　○△支店　普通預金　口座番号　○○○○○○○

2. 長男・東太には、次の財産を相続させる。

　　　ゆうちょ銀行　　　通常貯金　記号○○番号○○○○○○

3. 長男の嫁・京子には、看病のお礼として現金100万円を遺贈する。

4. 祖先の祭祀者は、長男・東太を指定する。

5. 本遺言の執行者として、弟・一ツ橋次郎を指定する。

6. 付言

家族一同の幸せを願い遺言する。皆んな仲良く暮らして欲しい。

令和5年9月10日

千代田区一ツ橋1丁目1番

遺言者　日本文太　㊞

上記1.（2）中、2字削り、3字追加　日本文太

遺言エクササイズ

※空欄に書き込んでから、全て手書きで遺言書に書きうつそう。

遺言書

遺言者、＿＿＿＿＿＿＿＿は、この遺言書で以下の通り遺言する。

1. 私が所有する以下の財産を、＿＿＿＿＿＿＿に相続させる。

　（1）土地＿＿＿＿＿＿＿＿＿＿＿＿＿＿＿＿＿＿＿

　　　宅地＿＿＿＿＿＿＿＿＿＿＿＿平方メートル

　（2）建物＿＿＿＿＿＿＿＿＿＿＿＿＿＿＿＿＿

　　　家屋番号＿番＿号　種類＿＿＿

　　　＿＿＿＿＿＿＿床面積＿＿＿＿平方メートル

　（3）遺言者の預貯金

　　　＿＿＿銀行＿＿＿支店＿＿＿預金　口座番号＿＿＿＿＿＿

2. ＿＿＿＿＿＿には、次の財産を相続させる。

　　　ゆうちょ銀行＿＿＿　通常貯金　記号＿＿＿番号＿＿＿＿

3. ＿＿＿＿＿には、＿＿＿＿＿＿＿＿＿＿を遺贈する。

4. 祖先の祭祀者は、＿＿＿＿＿＿＿を指定する。

5. 本遺言の執行者として、＿＿＿＿＿＿を指定する。

6. 付言

　＿＿＿＿＿＿＿＿＿＿＿＿＿＿＿＿＿＿＿＿＿＿＿＿

　令和＿年＿月＿日

　　　　　　　　　　　　　　　　　　　．

　＿＿＿＿＿＿＿＿＿＿＿＿＿＿＿＿＿＿＿＿＿＿＿

　遺言者＿＿＿＿＿＿＿＿＿　㊞

※法務局保管制度における様式はA4の紙に上5mm下10mm左20mm右5mmの余白要。片面ページでとじない。

27 あなたからの生前贈与

生前贈与とは、生きている間に財産を配偶者や子、孫に贈与すること。ちなみに、相続とは死亡してから財産を承継することです。生前贈与をした場合も、金額などにより贈与税がかかります。2023年度（令和5年度）の税制改正で相続税の対象が相続開始前3年以内から7年以内に延長されるため早い時期からの贈与をおすすめします。

生前贈与

贈与の有無	□ あり　　□ 無し　　□ 予定している　　□ 覚えていない
贈与の種類	□ A 暦年贈与課税　　　□ B 相続時精算課税　　　□ C 住宅取得資金 □ D 教育資金　　　　　□ E 結婚・子育て資金　　□ F その他（　　　　　　）

子への贈与　（＊贈与の種類を理由欄にA〜F（上欄参照）で書く。）

贈与した相手	関係	贈与日	金額	申告	理由もしくは贈与の種類
		年　　月　　日	円	□ 済　□ 無	
		年　　月　　日	円	□ 済　□ 無	
		年　　月　　日	円	□ 済　□ 無	
		年　　月　　日	円	□ 済　□ 無	

贈与した相手	関係	贈与日	金額	申告	理由もしくは贈与の種類
		年　　月　　日	円	□ 済　□ 無	
		年　　月　　日	円	□ 済　□ 無	
		年　　月　　日	円	□ 済　□ 無	
		年　　月　　日	円	□ 済　□ 無	

Column　贈与期間の変更

2023年度の税制改正で生前贈与加算（相続税の対象となる贈与）が、相続開始前の3年から7年に延長されました。実際に適用されるのは、2024年1月1日以降の贈与からです。加算年数は段階的に延長されるため、3年以上になるケースは2027年以降であり、7年加算が適用されるのは2031年1月以降に相続が発生した場合とされています。また延長した4年分については、総額100万円まで相続財産に加算されません。

その他の贈与

贈与した相手	関係	贈与日	金額	申告	理由もしくは贈与の種類
		年　　月　　日	円	□済　□無	
		年　　月　　日	円	□済　□無	
		年　　月　　日	円	□済　□無	
		年　　月　　日	円	□済　□無	
		年　　月　　日	円	□済　□無	

贈与した相手	関係	贈与日	金額	申告	理由もしくは贈与の種類
		年　　月　　日	円	□済　□無	
		年　　月　　日	円	□済　□無	
		年　　月　　日	円	□済　□無	
		年　　月　　日	円	□済　□無	
		年　　月　　日	円	□済　□無	

贈与した相手	関係	贈与日	金額	申告	理由もしくは贈与の種類
		年　　月　　日	円	□済　□無	
		年　　月　　日	円	□済　□無	
		年　　月　　日	円	□済　□無	
		年　　月　　日	円	□済　□無	
		年　　月　　日	円	□済　□無	

 **Column**　　**生前贈与で得する方法**

暦年贈与課税控除…年間110万円未満の贈与には、贈与税の申告義務も納税義務も発生しない／相続時精算課税制度…税務署へ贈与税の申告書を提出することで、累計で2500万円までの贈与財産は贈与税を非課税にできる（2024年1月1日以降はさらに年間110万円の基礎控除額あり）／金融機関の利用により非課税となる特例…教育資金の贈与には1500万円まで（〜2026.3/31）、住宅取得資金の贈与（〜2023.12/31）、結婚・子育て資金の贈与（〜2025.3/31）は各1000万円まで（結婚に関してかかる費用は300万円が限度）が非課税。

28 遺言執行の流れ

相続開始

・死亡届提出
・通夜・葬儀
・初七日法要

単純承認
相続放棄
限定承認の手続き

・四十九日法要

亡くなった方の所得税の申告（準確定申告）

遺言あり③パターン

① 公正証書遺言　　② 自筆証書遺言・　　③ 自筆証書遺言
　　　　　　　　　　　　秘密証書遺言　　　　　保管制度

家庭裁判所の検認

遺言の開示、財産目録の作成

遺　言　執　行

遺留分侵害がない場合　　　　遺留分侵害がある場合

遺留分減殺請求あり　遺留分減殺請求なし

必要に応じて協議

決まり次第すみやかに財産の登記・名義変更

＊遺言書がない場
合は、話し合い
（遺産分割協議）
をベースに相続
は進められる

相続税申告書の作成

相続税の申告と納税

3カ月以内

4カ月以内

10カ月以内

Part 4

決めておこう
私のこれからの医療

程度に個人差があるにしても、大多数の人は高齢になることで体力や気力が低下していきます。残念ながら認知症や要介護の状態になってしまってからでは、自分の希望や思いを家族に伝えることも難しくなります。あなたが「おひとりさま」であれば、お葬式や納骨など死後のことを誰かにお願いしておくことが必要です。だからこそ、今、元気なうちに老後医療をプランニングしておきましょう。

29 私の体の基本情報／薬

薬やアレルギーについてまとめた記載は緊急時にも役立ちます。救急車で運ばれるような場合に必ず気づいてもらえるような場所にこのノートを置いておきましょう。

基本情報

身長	体重	血液型	血圧
cm	kg	型　Rh（＋・－）	／　　　mmHg

アレルギー

食物	□あり　　□卵　　　　□えび　　　□かに　　　□そば　　　□小麦 　　　　　□乳　　　　□落花生　　□くるみ　　□その他（　　　　　　　　）
花粉	□あり　　□スギ　　□ブタクサ　　□イネ科　　□その他（　　　　　　　　　）
薬剤	□あり　　薬剤名（　　　　　　　　　　　　　　　　　　　　　　　　　　　　）
その他 症状など	□あり　　□ハウスダスト　　　□ダニ　　　□その他（　　　　　　　　　　　）

日頃飲んでる薬

名前	病名・診療科	飲み方

ワクチン接種履歴

ワクチンの種類	接種日	接種医療機関	接種後の反応

30 かかりつけの病院・薬局

かかりつけの内科だけでなく、腰痛などで不定期に通う整形外科などの情報もぜひ書き入れてください。また、歯科医院の情報も大切です。縁起でもない話ですが、歯科医院の治療カルテは万が一の事件や事故の照合にも役立ちます。常備薬やお薬手帳の保管場所もお忘れなく。

かかりつけの病院

病院名		診療科	
担当医		連絡先	（　　　）
受診内容			

病院名		診療科	
担当医		連絡先	（　　　）
受診内容			

病院名		診療科	
担当医		連絡先	（　　　）
受診内容			

かかりつけの薬局

薬局名		連絡先	（　　　）
受診医療機関名			

薬局名		連絡先	（　　　）
受診医療機関名			

メモ欄 （保険証・診察券・薬・お薬手帳の保管場所など。）

31 持病について

症状の欄には、直近の診察での血圧や血糖値の数値なども普段から記録することをおすすめします。このページで足りなければ、違うノートなどをご用意ください。診察履歴の欄には治療を開始した大体の時期を書き入れておくと他の病院への転院やセカンドオピニオンを求める際の医師との面談時に役立ちます。

病名		発病日	年　　月
病院名	診療科	担当医	
症状			
診療履歴			
治療内容			
現在の状況	□治癒　　□通院中　　□入院中　　□そのまま放置		

病名		発病日	年　　月
病院名	診療科	担当医	
症状			
診療履歴			
治療内容			
現在の状況	□治癒　　□通院中　　□入院中　　□そのまま放置		

病名		発病日	年　　月
病院名	診療科	担当医	
症状			
診療履歴			
治療内容			
現在の状況	□治癒　　□通院中　　□入院中　　□そのまま放置		

32 過去の病歴・入院歴

既往歴（過去にかかったことがあるおもな病気）は緊急に医療処置を受ける際に治療方針を決める上でも必要な情報です。特に5年以内にかかった重篤な病気については忘れずに記入を。入院でなくとも人間ドックやがん検診などを受けた年月日も記入しておくと次の検診予定の目安になります。

病名			発病日	年 月
病院名		診療科	担当医	
☐ 通院期間	(年 月〜 年 月) (年 月〜 年 月)			
☐ 入院期間	(年 月〜 年 月) (年 月〜 年 月) (年 月〜 年 月) (年 月〜 年 月)			
診療履歴				
治療・手術内容				
現在の状況	☐ 治癒　　☐ 通院中　　☐ 入院中　　☐ そのまま放置			

病名			発病日	年 月
病院名		診療科	担当医	
☐ 通院期間	(年 月〜 年 月) (年 月〜 年 月)			
☐ 入院期間	(年 月〜 年 月) (年 月〜 年 月) (年 月〜 年 月) (年 月〜 年 月)			
診療履歴				
治療・手術内容				
現在の状況	☐ 治癒　　☐ 通院中　　☐ 入院中　　☐ そのまま放置			

病名			発病日	年 月
病院名		診療科	担当医	
☐ 通院期間	(年 月〜 年 月) (年 月〜 年 月)			
☐ 入院期間	(年 月〜 年 月) (年 月〜 年 月) (年 月〜 年 月) (年 月〜 年 月)			
診療履歴				
治療・手術内容				
現在の状況	☐ 治癒　　☐ 通院中　　☐ 入院中　　☐ そのまま放置			

33 認知症になってしまったら

認知症になり判断力が失われると、悪質な業者に所有資産をだまし取られるおそれも。そうならないためには、次ページに解説した後見制度のほかに資産の管理・処分を家族に委託する家族信託や社会福祉協議会が提供する日常生活自立支援事業などを早めに利用するのがおすすめです。

□ 法定後見制度*①を利用する
□ 任意後見*②契約を結んでいる
□ 家族信託*③契約を結んでいる
□ その他（　　　　　　　　　　　　　　　　）
□ 家族の判断に任せる（名前：　　　　　　　　）

財産管理をお願いする人

名　前		関係		職業	
立　場	□ 法定後見人候補者　　□ 任意後見人　　□ 家族信託の受託者 □ 判断を任せる家族　　□ その他（　　　　　　　　　　　）				
住　所	〒				
連絡先	固定電話：　　　　（　　　　）　　　　　　携帯電話：　　　　（　　　　）				
備　考					

財産管理のタイミング（複数チェック可）

□ 認知症の診断を受けたとき
□ 入院・入所するとき
□ 介護保険を利用するとき
□ 預貯金の管理が必要になったとき
□ 不動産の管理・処分が必要になったとき
□ 相続手続きが必要になったとき
□ 税務申告が必要になったとき
□ 訴訟手続きが必要なとき
□ その他（　　　　　　　　　　　　　　　　）

認知症などで判断能力が不十分になった人の財産を保護するために、「**成年後見制度**」<ruby>成年後見制度<rt>せいねんこうけんせいど</rt></ruby>があります。成年後見制度は大きく分けて2つあります。1つは家庭裁判所が後見人などを選定する「**法定後見制度**」。もう1つは、将来の認知機能低下に備え自分自身が選んだ後見人とあらかじめ任意契約を結ぶ「**任意後見制度**」です。

① 法定後見制度

通常、本人が認知症などになった後、配偶者・四親等以内の親族または市区町村長が家庭裁判所に申し立てをします。家庭裁判所はその申し立てを受け弁護士や社会福祉士などを後見人に選任。後見人は本人に代わり財産管理や契約の手続きなどを行ない、本人が行なった不利益な契約などを取り消すことなどで保護・支援を行ないます。法定後見人への報酬額は家庭裁判所が被後見人の財産により決定します。

② 任意後見制度

まだ判断能力がある自立期に自分が選んだ後見人と事前契約を結び、認知症になった際に金銭の管理や様々な手続きを代行してもらう制度。任意後見人は家族や親族、友人に頼むのが通常ですが、専門職後見人である司法書士、行政書士や弁護士に依頼する場合も少なくありません。ただし、認知症になって後見が始まると専門職後見人には1カ月につき2万円程度の報酬が生じます。家族や友人などと後見契約を結んだ場合の報酬は契約次第となり無報酬のことも。家族や友人の場合、必ず後見監督人が選任され、こちらにも報酬が必要です（財産額で報酬は決定）。

③ 家族信託契約

認知症などに備え、資産の処理や管理を家族に委託する制度。あらかじめ子ども等と信託契約を結び、財産の運用や管理、処分などをその子ども等に託すものです。原則として、財産管理の方法を信託契約のなかで自由に決めることができるため、信託の目的に反しない限り、不動産の売買や株式投資などの資産運用も可能です。また、信託口の口座であれば、「倒産隔離機能」があり、受託した子が破産したとしても、受託者名義の信託財産は差し押さえの対象にはなりません。

④ 死後事務委任

本人の死亡と同時に後見は終了しますので、成年後見人は死後の事務手続きを行うことはできません。別途、死後事務委任契約の締結が必要です。火葬、納骨、ライフラインの契約解除や老人ホームの退去手続き、家財の処分、ペットのことなど多岐にわたる事務手続きを依頼することとなります。

「任意後見契約」、「遺言書作成」、「死後事務委任契約」を合わせて、おひとりさまの終活3点セットと呼ばれています。

34 要介護になってしまったら

要介護になると自分の意思を伝えるのが困難になることも。判断能力や運動能力が低下する前に、利用できる公的なサービスや各種支援制度を知り備えることが重要です。もしも介護が必要かもと思ったら、お住まいの市区町村の窓口、あるいは地域包括センターにまずは相談してみましょう。

介護方法の希望

介護の場所	□ 自宅　　□ デイサービスを利用　　□ 介護施設　　□ 家族に任せる
介護の主体	□ 家族等（名前：　　　　　　　　　　　）　　□ ヘルパー等　　□ その他
介護認定	（　　　年　　月）□ 要介護（　　）　　□ 要支援（　　）　　□ なし
ケアマネージャー	□ いる（　　　　　　　　さん　連絡先：　　　　　　　　　）□ いない

介護施設の希望

種類	□ サービス付き高齢者住宅　　□ 住宅型有料老人ホーム　　□ 介護付き有料老人ホーム □ グループホーム（認知症対応）　□ その他（　　　　　）　□ 家族に任せる
希望施設	□ あり（　　　　　　　　　　　　）　□ なし
所在地	〒
担当者名	連絡・予約等　　□ あり　　□ なし
連絡先	（　　　）

介護費用

□ 自分の銀行の預貯金から	銀行　　　　　　　支店 口座番号
□ 保険・共済から	保険・組合名　　　　　　　名称 証券番号
□ 用意していない	□ 家族に任せる　　□ その他（　　　　　　　　）

主な介護施設

高齢者施設入所の大きな判断基準となる「要介護度」には「自立」「要支援1〜2」「要介護1〜5」の8段階があります。自分の財産状況が許すのであれば介護不要な「自立」期に高齢者施設に入所するのも1つの選択です。介護施設は大きく公的施設と民間施設に分けられ、介護保険が適用されるため比較的に安価な公的施設は人気が高く入居までの時間がかかることも少なくありません。一方、民間施設は入居者へのサービスも充実していますが、その分かかる費用は高額です。

主な高齢者介護施設の種類と特徴

	主な介護施設の種類	特　徴
公的施設	特別養護老人ホーム（介護老人福祉施設）	要介護3以上に認定された人が対象。比較的に安価な利用料で入居可能。収入と資産により負担限度額認定を受けられる。認知症にも対応し、看取りまで可能なことが多い。
	介護療養型医療施設	要介護1以上が対象で、認知症や看取りにも対応。比較的に重度な要介護者に対し、充実したリハビリと医療処置を提供。介護だけでなく、医学的ケアが充実した施設だが、多床室もあることから比較的に安価な使用料で入居可能。
	介護老人保健施設	リハビリで在宅復帰を目指すことを目的にしており、主に長期入院者が退院して家庭に戻るまでの間に利用されることが多い。認知症にも対応している。
	軽費老人ホーム（ケアハウス）	要支援1以上が対象。収入により利用料が決まり、比較的に安価な利用料で入居可能。24時間体制で介護サービスを受けることができる。
民間施設	高齢者向けマンション	入居時に自立の人が対象者。賃貸か分譲タイプのマンション。同施設内に介護付施設を併設している場合が多く、常時介護が必要になると転居可能なケースも少なくない。
	住宅型有料老人ホーム	入居時に自立〜要介護の人が対象者。食事など生活全般の支援サービスがついた施設だが、常時介護が必要になると費用はかなり高額になる。
	介護付き有料老人ホーム	要支援1以上が対象者で介護度が高い入居者が多い。介護度が高くなるほど、費用も高額になる。24時間体制で介護サービスを受けることができる。
	認知症グループホーム	要支援2以上で、認知症の人が対象。運営は約半分が民間企業だが、医療法人やNPO法人なども多い。専門スタッフのサポートのもと、認知症高齢者が5〜9人で共同生活を送る。アットホームな雰囲気の施設が多い。

35 終末期医療・延命治療

余命があとわずかになったとき、多くの人は自分の意思を明確に伝えられません。強要はできなくとも、自分の意思を伝えておくことで家族があなたの終末期をどうするかの選択がしやすくなります。病名や余命の告知、終末期の治療法、臓器提供や献体についての記載が、家族の精神的負担を軽減させます。（4ページ「延命治療」も参照）

病名・余命の告知について

□ 一切告知しないでほしい　　　　　　　□ 病名は告知して、余命は告知しないでほしい

□ 余命は告知し、病名は告知しないでほしい　□ 余命が（　　　　以上・以下）なら、告知してほしい

□ 病名も余命も、全ての情報を伝えてほしい

□ その他（　　　　　　　　　　　　　　　　　　　　　　　　　　　　　　　　　）

私の意思表示

心臓マッサージ	□ 希望する	□ 希望しない
気管内挿管	□ 希望する	□ 希望しない
人工呼吸器	□ 希望する	□ 希望しない
昇圧剤や強心剤の投与	□ 希望する	□ 希望しない
中心静脈栄養		
鼻から胃へのチューブ	□ 希望する	□ 希望しない
胃ろう	□ 希望する	□ 希望しない

臓器提供について

□ 臓器提供を希望する　　　□ 希望しない

□ 脳死後、心臓が停止した後、いずれでも臓器提供する　　　□ 心臓が停止した後に提供する

該当する臓器	□ 心臓　　□ 肺　　□ 肝臓　　□ 腎臓　　□ すい臓
	□ 腸　　□ 眼球　　□ その他（　　　　　　　　　　　　　　　　）

□ 意思表示済み（□ 運転免許証　□ 健康保険証　□ 意思表示カード）

□ 意思表示なし

本人署名：　　　　　　　　　　　　　　　　　　　年　　　月　　　日

Part 5

安心しよう
私が望む葬式とお墓

葬式、埋葬、お墓、その後の法要などの希望もぜひまとめておきましょう。家族に頼らないことをモットーにしているのだとしたら尚のこと、大まかな希望を書き込んでおきましょう。「生前戒名」や「生前墓」を考えてみるのもよいでしょう。あなたの死後、葬儀の手配や祭祀についての負担を少しでも軽くすることが家族への優しさです。

お葬式の可否、形式

お葬式は人生の最後を飾る式典です。希望をまとめ、代々伝わる菩提寺や信仰する宗教施設などがあれば記載しましょう。自立期のうちに費用の準備も始めておくと安心です。

お葬式の可否

☐ 行なう 　　☐ 行なわない 　　☐ 家族の（ 　　　　　　　　）に任せる

上げない理由	

 Column 　お葬式の種類

一般葬…昔から広く行なわれている一般的な葬儀

家族葬…家族や親しい友人などの近親者で行なわれる小規模な葬儀

密　葬…故人の死を広く知らせずに近親者だけで弔い、後日に本葬儀などを行なう葬儀。1回で済ませる葬儀は密葬とは言わないが、現在では家族葬との区別があいまい

1日葬…通夜を簡略化して告別式と火葬を1日で行なう葬儀

直　葬…通夜や葬儀など儀礼的なものは省略し火葬だけを行なう葬儀

自由葬…故人とゆかりが深い場所や趣味をプログラムに入れて故人らしさを演出する葬儀。単に宗教色を抜いたものから、演奏会をメインにした音楽葬なども

 Column 　お墓は相続税の対象外

お墓は、相続しても課税の対象ではありません。国税庁のホームページには「相続税がかからない財産」として「墓地や墓石、仏壇、仏具、神を祭る道具など日常礼拝しているもの」との記載があります。生前に非課税のお墓や墓地を購入しておけば（生前墓）、課税対象となる現金が減るため節税にもなります。注意点は、生存中に支払いを完了させること。ローンで購入し、完済前に亡くなった場合の残額は債務控除にはなりません。自分好みのお墓にできることも生前購入の大きなメリットです。

あなたの希望

☐ 一般葬　　☐ 家族葬　　☐ 密葬　　☐ 1日葬　　☐ 直葬・火葬式
☐ 自由葬（　　　　　　　　　　　　　　）　☐ 家族に任せる

希望する理由	

お葬式の宗派と葬儀場

形式	☐ 仏式（宗派：　　　　　）　☐ 神道式　　☐ カソリック式 ☐ プロテスタント式　　☐ その他（　　　　　　　　　　　）　☐ 無宗教		
菩提寺や教会		連絡先	（　　　）
所在地	〒		
お布施	約　　　　　　万円	備考	

葬儀場

☐ 自宅　　☐ 葬祭施設　　☐ 集会場　　☐ 宗教施設
☐ その他（　　　　　　　　　　　）　☐ 家族に任せる

名称		連絡先	（　　　）
所在地	〒		

お葬式の準備

事前準備	☐ してある　　☐ してない		
準備内容	☐ 葬祭業者、互助会の会員　　　　☐ 葬儀場を予約済み ☐ 死後事務委任契約を結んでいる　その他（　　　　　　　　）		
契約事業者名1		担当者名	
契約内容		連絡先	
所在地			
契約事業者名2		担当者名	
契約内容		連絡先	
所在地			

お葬式の費用

☐ 見積もりあり　　☐ 上限（　　　　　万円）くらい　　☐ 家族に任せる

費用	☐ 銀行預金から　　☐ 保険金・共済などから　　☐ 準備してない ☐ 銀行・保険会社・共済・互助会名（　　　　　　　　　　　）

37 お葬式についての要望

どういうお葬式のスタイルにしたいか具体的な要望があればメモ欄に記載しましょう。参列者への
メッセージを音声や動画で残しデータの保管先を残しておくのもおすすめ。

喪主

□ 希望あり（　　　　　　　　　　　　　電話：　　　　　　　　　）　□ 家族に任せる

戒名

□ 依頼済み（生前戒名）　　□ 希望あり（　　　　　　　　　）　□ 不要　　□ 家族に任せる

菩提寺名		住職	
戒名のランク	□ 普通　　□ 高ランク　　□ 家族に任せる		

遺影

□ 写真あり（保管場所：　　　　　　　　　　　　）　□ 写真なし

その他の希望

□ 香典・供花を辞退　　□ 普通に受け取る　　□ 家族に任せる

□ 特別なメッセージを流してほしい（保管場所：　　　　　　）　□ 文章　　□ 音声　　□ 映像

□ 通夜不要　　□ 密葬にして、お別れ会を別に行なう　　□ 火葬のみ　　□ その他（　　　　　　）

□ 会葬礼状に入れてほしい文面

　（記入欄：　　　　　　　　　　　　　　　　　　　　　　　　　　　　　　）

□ 祭壇・花の希望

　（　　　　　　　　　　　　　　　　　　　　　　　　　　　　　　　　　　）

メモ欄（スペースが足りない場合、お葬式についてこちらにまとめましょう。）

38 お墓について

このページにはわかる範囲で現在のお墓の状況を記載しましょう。今あるお墓を維持するのか、あるいは新たなお墓を持つ予定があるのか、費用を含め検討してください。

お墓の有無

□ お墓を持っている　　□ 準備中（　　年　　月頃）　　□ 入るお墓はある　　□ 持っていない

現在のお墓

種類	□ 一般墓　　□ 納骨堂　　□ 共同墓地　　□ 樹木葬 □ その他（　　　　　　　　　　）		
所在地			
契約者		管理者	□ 寺院　　□ 公営　　□ 民営
新たな承継者		続柄	
納骨の費用	□ あり（　　　　万円）　　□ 準備中　　□ なし		

新たなお墓を建てる

希望地	□ 家族に任せる
所在地	

お墓の承継と墓じまい

今後の希望	□ 誰かに承継してほしい　　□ 墓じまいする　　□ 改葬（お墓の引越し）したい
遺骨の処理方法	□ 新しいお墓に埋葬　　□ 共同墓地で永代供養　　□ 散骨

お墓は持たない

□ 共同墓地で永代供養　　□ 手元供養　　□ その他（　　　　　　　　　）

□ 散骨希望（□ 海　　□ その他（　　　　　　　　　））

39 供養

このページには自分の供養についての希望を記載しましょう。お寺の檀家になっていてお墓などを家族に引き継ぐ場合はお布施の目安なども役立つ情報です。

仏壇

□ 持っている　　□ 準備中（　　　年　　　月頃）　　□ 持っていない
□ 持たない

費用	□ あり（　　　　　　　　　　　万円）　　□ 準備中　　□ なし
置き場所	

法要

菩提寺		住職	
お布施	円くらい	連絡先	（　　　）

□ 一周忌まで　□ 三回忌　□ 七回忌　□ 十三回忌　□ 家族に任せる

40 ペット

種類	□ イヌ　　□ ネコ　　□ 鳥　　□ 観賞魚　　□ その他（　　　　　　　　）			
名前		年齢		性別　□ オス □ メス
登録番号		血統書		
エサ		飼育数		避妊・去勢手術　□ 済み
ワクチン	□ 済み（　　　　　　/　　　　　　）　　□ 未接種			
マイクロチップ	□ 済み（　　　　　　）	病歴等		
かかりつけの動物病院		連絡先		（　　　）
私が亡くなったあと	□ （　　）に託したい　　□ その他（　　　　）　　□ 考えていない			
備考				

Part 6

人生100年時代！
友人・恩人への感謝と
この先やりたいこと！！

歩んできた人生を見つめ直すことが、これから先の新しい日々を踏み出すパワーになります。出会った人を思い浮かべながら、普段は照れて言えないありがとうの気持ちもぜひ言葉にしてください。お世話になった方や団体へ、ご自身の財産を寄付することも、「今」だからこそできます。そうして、まだ実行できていない、気になることをどんどんやっつけていきましょう。

41 忘れられない思い出

これまでの人生で起こった、記憶に残る出来事、事件、出会った人々などの思い出、得られた人生訓や経験知等を書きましょう。

0 ～ 10 代

一番古い記憶は？

子供のころの友達

学校の思い出

20 代

最初の仕事

出会った人

事件

30 〜 70 代

30 代	
40 代	
50 代	
60 代	
70 代	

42 私の交友関係

このページには自分の仲間や友人関係について記載しましょう。所属しているサークルや団体がある場合は代表者の連絡先もお忘れなく。

友人・恩人

恩師・学友・先輩・後輩

会社・仕事

コミュニティ一覧

趣味・習い事

その他（著名人とのご縁など）

43 私の友人・恩人

いざというとき連絡をとってほしい友人や恩人がいたら、ここに書きましょう。

名前	（配偶者）	続柄	生年月日	年　　　月　　　日
現住所	〒		血液型	
緊急時の連絡	□ 入院　　□ 危篤　　□ 通夜・葬儀　　□ 不要　　□ その他（　　　　　　）			
電話番号		メールアドレス		
備考				

名前	（配偶者）	続柄	生年月日	年　　　月　　　日
現住所	〒		血液型	
緊急時の連絡	□ 入院　　□ 危篤　　□ 通夜・葬儀　　□ 不要　　□ その他（　　　　　　）			
電話番号		メールアドレス		
備考				

名前	（配偶者）	続柄	生年月日	年　　　月　　　日
現住所	〒		血液型	
緊急時の連絡	□ 入院　　□ 危篤　　□ 通夜・葬儀　　□ 不要　　□ その他（　　　　　　）			
電話番号		メールアドレス		
備考				

名前	（配偶者）	続柄	生年月日	年　　　月　　　日
現住所	〒		血液型	
緊急時の連絡	□ 入院　　□ 危篤　　□ 通夜・葬儀　　□ 不要　　□ その他（　　　　　　）			
電話番号		メールアドレス		
備考				

名前	（配偶者）	続柄		生年月日	年	月	日
現住所	〒					血液型	
緊急時の連絡	□入院　　□危篤　　□通夜・葬儀　　□不要　　□その他（　　　　　　　）						
電話番号		メールアドレス					
備考							

名前	（配偶者）	続柄		生年月日	年	月	日
現住所	〒					血液型	
緊急時の連絡	□入院　　□危篤　　□通夜・葬儀　　□不要　　□その他（　　　　　　　）						
電話番号		メールアドレス					
備考							

名前	（配偶者）	続柄		生年月日	年	月	日
現住所	〒					血液型	
緊急時の連絡	□入院　　□危篤　　□通夜・葬儀　　□不要　　□その他（　　　　　　　）						
電話番号		メールアドレス					
備考							

名前	（配偶者）	続柄		生年月日	年	月	日
現住所	〒					血液型	
緊急時の連絡	□入院　　□危篤　　□通夜・葬儀　　□不要　　□その他（　　　　　　　）						
電話番号		メールアドレス					
備考							

名前	（配偶者）	続柄		生年月日	年	月	日
現住所	〒					血液型	
緊急時の連絡	□入院　　□危篤　　□通夜・葬儀　　□不要　　□その他（　　　　　　　）						
電話番号		メールアドレス					
備考							

44 大切な人へのメッセージ

自分の家族、友人や知人へ向けて、メッセージを書きましょう。

_____ さん（　　ページ記載）へ

_____ さん（　　ページ記載）へ

_____　さん（　　ページ記載）へ

_____　さん（　　ページ記載）へ

_____　さん（　　ページ記載）へ

45 私のやりたいこと

このページには自分がこれからやりたいことや行きたい場所を1つ残らず記載しましょう。人生100年時代。年齢を言い訳にしないで新しいことにチャレンジ！

これからやってみたいこと、やり残したこと

趣味・習い事

スポーツ

資格取得

会いたい人

その他

これから行きたい場所、あこがれの場所

国内

外国

周遊ツアーやイベント

▶▶▶ **監修者紹介**

奥田 周年 （おくだ・ちかとし）

1965年生まれ。茨城県出身。1988年、東京都立大学経済学部卒業。1994年、OAG税理士法人（旧・太田細川会計事務所）入所。1996年、税理士登録。2018年、行政書士登録。 現在、OAG税理士法人チーム相続のリーダーとして、資産承継のプランニングや相続を中心とした税務アドバイスを行う。主な著書に、『税理士のための所有者不明土地関連法』（日本法令）、『身近な人の遺産相続と手続き・届け出がきちんとわかる本』（日本文芸社）、『家族に頼らない おひとりさまの終活 〜あなたの尊厳を託しませんか』（いずれもビジネス教育出版社）、監修に『身内が亡くなった時の手続きハンドブック』（日本文芸社）『親が認知症と思ったら　できる できない 相続（暮らしとおかね Vol.7）』（ビジネス教育出版社）など。

カバー・本文デザイン・DTP／編集協力 ◆ 二シ工芸株式会社

執筆協力 ◆ 岡本弘美

イラスト ◆ 竹村ノリヒロ

相続税務のプロが教える あなたにピタリの財産贈与方法

生前資産整理ノート

2023 年 11 月 1 日　第 1 刷発行

監修者	奥田周年
発行者	吉田芳史
印刷所	株式会社光邦
製本所	株式会社光邦
発行所	株式会社 日本文芸社

〒 100-0003　東京都千代田区一ツ橋 1-1-1　パレスサイドビル8F
TEL.03-5224-6460（代表）

Printed in Japan 112231024-112231024 Ⓝ 01（290069）
ISBN978-4-537-22159-6
内容に関するお問い合わせは小社ウエブサイトお問い合わせフォームまでお願いいたします。
https://www.nihonbungeisha.co.jp/

㊙ 保管用カード

パスワードなど知られたくない情報は、
カードの裏面に書き、のりで封をして、
必要なときまでしまっておきましょう。

名前 :

各種パスワード

記入日	年 月 日

●金銭関係

内容	金融機関名	支店名	口座番号	暗証番号
□ キャッシュカード				

内容	会社名	番号	暗証番号
□ クレジットカード			

内容	ID	パスワード
□ その他		

●スマートフォン・SNS関係

内容	電話番号（ID）	パスワード
□ スマートフォン		
□ SNS（　　　　）		
メールアドレス		

谷折り

大切なもののしまい場所

内容	場所
□ 通帳類	
□ 年金手帳	
□ カード類	
□ 保険証	
□ マイナンバーカード	
□ 権利書・境界確認書	
□ 証券	
□ 住所録	
□ 印鑑	
□ 貸し金庫の鍵・カード	
□ その他